W0184419

Personen und Gruppen, Kostüme und Requisiten

Die Fee:	Solaria Tropicana ist eine freundliche, viel beschäftigte Fee mit Handy. Sie darf sich glitzernd und auffällig kleiden, auch Feenflügel tragen. Während die Fee auf der Bühne ist, darf mehrmals das Handy klingeln. Die Fee wird kurz abnehmen und sagen, dass sie gerade in der Schule ist und Theater spielt, der Anrufer möge sich bitte später nochmal melden.
Die Hilfsfeen:	Mitarbeiterinnen der Fee, auch sie dürfen sehr schick aussehen.
Frau Zipperlein:	Sehr neugierige Dame mit Hund und Einkaufstasche.
Frau Hasenklein:	Angeberisch und wichtigtuerisch, ebenfalls mit Einkaufstasche und Hund.
Verkäufer:	Weißer Kittel, stets freundlich und hilfsbereit.
Einkäuferin:	Straßenkleidung, Einkaufszettel, Einkaufswagen.
Gummibär:	Sehr mürrisch. Er trägt einen roten Overall, den man vorne aufmachen kann (am besten Klettverschluss). Der Overall ist sehr weit geschnitten, in Bauchhöhe ist ein Hula-Hoop-Reifen eingenäht. Bei seiner Entzauberung steigt der Gummibär aus dem Kostüm, als Prinz darf auch er bunt sein und glitzern (Gymnastikhose, T-Shirt, Krönchen).
Die Gummibären:	Overalls aus typischen Gummibär-Farben (rot, grün oder gelb).
Der Greis:	Alter Mantel, Stock, weißer Bart, krumme Haltung, hinkend.
Die Tomaten:	Rote Hose oder Jeans, rotes T-Shirt, Papp- oder ausgestopfte Stofftomate vor den Bauch gebunden. Schminke: Rot.
Die Äpfel:	Grüne Hose oder Jeans, grünes T-Shirt, Papp- oder ausgestopfter Stoffapfel vor den Bauch gebunden. Schminke: Grüne und rote Bäckchen.
Die Spargel:	Weiße Hose oder Jeans, weißes T-Shirt, viereckige weiße Papierschachtel am Gummiband als Hütchen auf dem Kopf. Schminke: Weiß (Vaseline als Untergrund, darauf Mehl).
Die Hunde:	Im Tierkostüm auf allen Vieren an der Leine. Haben keinen Sprechtext, aber agieren aktiv während des Dialogs zwischen Frau Zipperlein und Frau Hasenklein. Sie reagieren auf den Sprechtext (bei Erwähnung von Essen: Waff!), beschnüffeln sich gegenseitig, heben das Bein etc.

Drei Wünsche für die Fee

Drei Wünsche (Vorspiel)

Prolog

Wenn die Bühne über einen Vorhang verfügt, kann der Greis den Prolog vor dem geschlossenen Vorhang sprechen.

Ihr Leut, kommt her und höret an,
was einst bei uns geschah!
Man sagt zwar, lang ist's schon her,
doch immer noch ist's nah!
Habt keine Angst, auch wenn's euch graust,
den schlimmen Spuk zu sehn.
So lang ihr noch das Gute fühlt,
da wird euch nichts geschehn.
Auch damals trauten brave Leut'
ihren Augen kaum,
ja angst und bange wurde dem,
der eintrat in den Raum,
wo Ungestüm sein Wesen trieb
und keiner sicher war,
dass das, was sich seinen Augen bot,
nicht doch ein Albtraum war.
Drum fasset Mut und schaut euch an,
was einst bei uns geschah!
Und denket immer wieder dran:
Die Geschicht' ist wahr! *(Ha ha ha ha ha).*

Der Greis verlässt hinkend und in gebückter Haltung mit Stock die Bühne.

1. Szene – Auf der Straße

Frau Hasenklein: Ach, guten Morgen, Frau Zipperlein.

Frau Zipperlein: Guten Morgen, Frau Hasenklein.

Hasenklein: Wissen Sie schon das Neuste?

Zipperlein: Aber natürlich, ich weiß immer das Neuste.

Hasenklein: Aber was ich weiß, wissen Sie bestimmt nicht!

Zipperlein: Sie wollen mir doch nicht weismachen, dass ich nicht so viel weiß wie Sie wissen!

Hasenklein: Abwarten!

Zipperlein: Ach, ich weiß! Der Tortenbäcker Tortellino Tortellini wird demnächst keine Sahnetorten mehr verleihen. Die Leute schlecken die Sahne einfach ab und geben die Torte dann so zurück!

Hasenklein: Stimmt. Aber das ist ja schließlich ein alter Hut!

Zipperlein: In der Pesta-Pasta-Mandelkuchenschule* wird es wegen der großen Nachfrage demnächst auch Hongkong-Ente in Ananas-Sauce geben!

(Hier sollte der Name der aufführenden Schule in abgewandelter Form erscheinen und die Pointe dementsprechend geändert werden.)*

Hasenklein: Ja, stimmt auch, aber das Allerneuste haben sie noch immer nicht geraten!

Zipperlein: Ja wie?

Hasenklein: Wie, was?

Zipperlein: Na, was denn nun?

Hasenklein: *(nach einer kurzen Pause)* Schliedl schließt!

Zipperlein: *(empört)* Nein!

Hasenklein: Doch!

(Pause)

Zipperlein: Der vierte Supermarkt, der zumacht! Dass es so weit kommen musste! Wo sollen wir in Zukunft denn noch einkaufen gehen?

Hasenklein: Man sagt, zuletzt hätten sich die Kaba-Dosen jeden Abend ein paar Milchtüten aufgerissen!

Zipperlein: Schrecklich!

Hasenklein: Am schlimmsten seien die Gummibärchen. Keiner ist mehr in seiner Tüte! Und sie trinken alle Honigtöpfe leer!

Zipperlein: *(entsetzt)* Schlimme Zeiten sind's!

Hasenklein: Wenn nicht bald etwas geschieht, sind wir alle verloren!

Zipperlein: Ja, wenn nicht wirklich bald diese berühmte Fee „Solaria Tropicana" hier ankommt, von der alle reden, dann wird es übel enden.

Hasenklein: Ach, Wenn sie doch nur bald käme!

Feenlied

Text u. Musik:
Claudia Fiddicke-D'haes

© 2004 Lugert Verlag

Feenlied
„Manchmal, da glaubst du“ – Frau Zipperlein und Fr. Hasenklein singen die erste Strophe zu zweit, dann singen alle Kinder mit, die vorn vor der Bühne sitzen.

Strophe 1

Manchmal, da glaubst du, dass es so nicht weitergeht,
weil die ganze Welt plötzlich auf dem Kopfe steht.
Dann wünschst du dir, die Fee, die käm heut mal vorbei,
sagt dir: „Ich find dich gut“ und „Du hast nun drei Wünsche frei!“

Refrain

So einer Fee tut’s einfach weh,
wenn einer traurig ist, das hält sie im Kopf nicht aus!
Das, was sie tut, macht alles wieder gut.
Sie trägt den Sonnenstrahl in alle Herzen überall.

Strophe 2

Sie zaubert dir herbei, worum du sie auch fragst.
Ob Pferd, ob Hund, ob Diddl-Maus, ja alles, was du magst.
Doch denke stets daran und überleg in Ruh,
es sind drei Wünsche nur, und Glück, auch das gehört dazu!

Refrain

Strophe 3

Die Fee hilft so gut sie kann und meint es gut mit dir,
drum lass sie in dein Haus, ja, öffne ihr die Tür.
Sag: „Schön, dass du bei uns bist“ ~~und~~ „Danke, gute Fee,
du wirst mir fehlen und ich hoff, dass ich dich wiederseh.“

Applaus – Umbau auf Bild „Im Supermarkt“. Der Verkäufer, Äpfel, Gummibären, Spargel und Tomaten auf die Bühne, Tomaten hocken vorn auf der Bühne, Kopf eingerollt.

2. Szene – Im Supermarkt

Die Einkäuferin hält einen Einkaufszettel in der Hand und schiebt einen Einkaufswagen vor sich her. Sie tritt durch den Zuschauerraum auf, spricht den Beginn des Dialogs im Zuschauerraum und betrachtet die Zuschauer wie Waren im Supermarktregal.

Einkäuferin: So, Kaffeefilter hab ich schon. Was brauche ich denn noch? Spagetti? Ach ja, richtig. Ich wollte ja Spagetti mit Tomatensauce kochen. Das essen meine Kinder doch so gern. Tomaten brauch ich also.
(Zu sich selbst.) Wo sind hier die Tomaten?
(Zu einem Zuschauer) Entschuldigen Sie bitte. Könnten Sie mir vielleicht sagen, wo ich hier die Tomaten finde?

Zuschauer wird vermutlich zur Bühne deuten.

Einkäuferin: Ach da! Vielen Dank!

Die Einkäuferin betritt die Bühne, der Einkaufswagen kann entweder von ihr hochgehoben werden oder auch im Zuschauerraum stehen bleiben.

Na, die sehn aber ganz schön traurig aus. Da ist ja nicht eine rote dabei!

1. Tomate: *(richtet sich abrupt auf und zeigt einen lange Nase)* Bääh!

Einkäuferin: *(sehr erschrocken)* Hilfe! Was ist das?

(Pause)

Einkäuferin: Ich glaub, meine Nerven sind überreizt. Ich muss wohl geträumt haben. Aber welche Tomate nehm ich nur? Die sind ja alle so trübe!

2. Tomate: Du dumme Rübe!

Einkäuferin : *(schüttelt verdattert den Kopf) (Pause):* Und die hat 'nen Fleck.

3. Tomate: *(schreit)* Pfoten weg!

Einkäuferin: Hilfe! Hilfe!

(Einkäuferin läuft davon, sucht einen Verkäufer.)

Einkäuferin: Sie ... Sie ..., hier ... in ihrem Laden ... die Tomaten! Die wollen mir Angst machen! Die sprechen!

Verkäufer: O weh, ist es schon wieder so weit!?

Einkäuferin: Und frech sind sie noch obendrein.

Verkäufer: Das hatten wir schon mal. Warten Sie. Ich komm mit Ihnen.

(Verkäufer und Einkäuferin gehen zu den Tomaten.)

Verkäufer: Ja, trüb sind sie fast alle. Aber bedenken Sie, die armen Kleinen haben ja niemals auch nur einen Sonnenstrahl abgekriegt!

1. Tomate: *(müde, gähnt)* Lass mich in Ruhe, ich bin soooo müde.

2. Tomate: *(reibt sich die Augen)* Wir wollen hier bleiben und schlafen.

3. Tomate: *(wütend)* Und nicht von der Ziege da *(zeigt auf die Einkäuferin)* gefressen werden!

Verkäufer: Was seid ihr wieder garstig heute. Könnt ihr nicht ein bisschen freundlicher sein?

Alle 3 Tomaten: Nur, wenn man uns in Ruhe lässt!

Trübe Tomaten

Text u. Musik:
Claudia Fiddicke-D'haes

© 2004 Lugert Verlag

Refrain

Wir sind die trüben Tomaten, mit uns ist gar nix los *(gähnen).*
Am liebsten wollen wir nur schlafen und hängen vor der Glotze bloß.
Wir sind die trüben Tomaten, mit uns ist gar nix los *(gähnen).*
Am liebsten wollen wir nur schlafen und hängen vor der Glotze bloß.

1. **Strophe**

Wenn einer sagt: „Komm, spiel mit mir!" Oh Hilfe, welch ein Graus!
Das ist das Schlimmste, was es gibt, das halte ich nicht aus.
Und wenn die andern schwimmen gehn, sag ich: „Ist mir zu nass!"
Im Sonnenschein im Schwimmbad spieln, das macht doch keinen Spaß!

Refrain

2. **Strophe**

Wenn einer sagt: „Wir scaten heut. Na hopp, jetzt geh schon mit!"
Dann brauch ich schnell 'ne Ausrede, denn ich tu keinen Schritt.
Wir faulenzen den ganzen Tag, die Welt ist uns egal!
Wir fressen Chips vorm Fernseher, alles and're wär 'ne Qual!

Refrain

Während des Applaus gehen alle Agierenden ab, Umbau auf Bild „Im Feenreich".

3. Szene – Im Feenreich

1. Hilfsfee: *(am Telefon)* Solaria Feenreich GmbH, was kann ich für sie tun? Nein, ich bin nicht die Fee. Ich bin nur eine Mitarbeiterin. Nein, Sie können jetzt nicht mit Solaria Tropicana sprechen. Die Fee ist gerade in einer wichtigen Besprechung. Wie bitte? Fünf Wünsche? Nein, das geht auf keinen Fall. Die Fee kann immer nur drei Wünsche erfüllen. Wo denken Sie denn hin? Was?

2. Hilfsfee: SMS aus Übersee.

1. Hilfsfee: Einen Moment bitte. *(Hält die Hand auf den Hörer, damit der Anrufer nicht mithört.)*

2. Hilfsfee: Anfrage von einem Kind, ob wohl die Fee an einem Tag bei den Mathe-Hausaufgaben, dem Deutsch-Aufsatz und noch bei einem schwierig zu malenden Bild helfen könnte.

1. Hilfsfee: *(zu HF 2)* Mathe, Deutsch, Kunst – macht 1, 2, 3. Ja, müsste gehn. Bis drei Wünsche geht's. Aber du, frühestens in, sagen wir mal, fünf bis sechs Wochen. Solaria Tropicana ist total ausgebucht.

2. Hilfsfee: Logisch. Alle auf der Welt sind so unglücklich und wünschen sich ständig was.

1. Hilfsfee: *(telefoniert wieder)* Ja. Also drei Wünsche. Ihre Waschmaschine soll besser schleudern *(macht sich Notizen).* Der Umbau vom Haus soll nicht so teuer werden. Ihre Tochter soll ihr Kinderzimmer besser aufräumen. Wird gemacht. Aber ich sage Ihnen gleich. Fünf bis sechs Wochen wird's dauern. Bitte? Moment, da muss ich nachfragen. *(Zu HF 2:)* Unaufgeräumtes Kinderzimmer – zählt das als Notfall?

2. Hilfsfee: Früher war's so. Aber das ist geändert. Ist der Fußboden noch zu sehen?

1. Hilfsfee: *(spricht wieder ins Telefon)* Ist noch ein Stückchen vom Fußboden zu sehn? – Ja? Dann geht's aber leider nicht eher. Als Notfall gilt nur, wenn alles voller Spielsachen liegt. Aber gern. Auf Wiederhören.

Auftritt der Fee, sie ist sehr in Eile.

Solaria: Zwei E-Mails aus Trinidad. Würdest du das machen? Und vier Faxe für dich: Wunsch-Anfragen für Weihnachten. Rufst du bitte noch bei Seppler an? Du weißt, die Karibik-Reise. Und dieser Herr Schuh-, Schuhmann, ääh …

1. Hilfsfee: Schumacher.

Solaria: Ja richtig – der will irgendein Rennen gewinnen.

1. Hilfsfee: Ich kümmre mich drum.

Solaria: Du, das musst du aber heute noch erledigen.

2. Hilfsfee: Klar doch. Mach ich jetzt gleich!

Solaria: Prima. Bin dann weg und ab vier für euch über Handy erreichbar. Aber nur für ganz dringende Sachen. *(Ins Publikum.)* Was für ein Tag wieder! Man kommt nicht zur Ruhe!

1. Hilfsfee:	Ganz kurz noch, Solaria. Da war ein E-Mail aus einem Ort – warte mal – Vaterheim*. Die Leute sind in Panik, weil's fast nix mehr zum Einkaufen gibt.

*(*Name des jeweiligen Aufführungsortes in abgewandelter Form.)*

Solaria:	Ach, ist das etwa diese schreckliche Sache mit den Lebensmitteln?
2. Hilfsfee:	Da hab ich's. Die Lebensmittel haben nie die Sonne gesehn. Ergebnis: Trübe Tomaten, Spargel mit ungenießbaren, viereckigen Köpfen, und Zankäpfel, die sich immer nur streiten. Ach, und hier noch ein Gummibär, der traurige Augen hat.
Solaria:	Oh, das klingt dringend. So was muss natürlich vorgehn. Aber wie mach ich denn das jetzt? Ach, dann erledige ich das halt noch nach Feierabend.
1. Hilfsfee:	Übernimm dich aber nicht!
Solaria:	Ich krieg das schon hin ...
2. Hilfsfee:	Aber bitte zaubere wirklich nicht mehr als drei Wünsche. Dass du dich ja nicht in Gefahr begibst und mehr machst.
Solaria:	Ja, ja, ist ja schon gut.
HF 1/2:	Also dann!
Solaria:	Also dann. Das Wünschen nimmt ja überhand ... Wie soll ich das alles nur schaffen?

Solaria Tropicana

Text u. Musik:
Claudia Fiddicke-D'haes

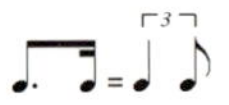

© 2004 Lugert Verlag

1. **Strophe**

(Sprechgesang)

Ich bin die Fee Solaria Tropicana und leb im Feenreich.
Und wenn ihr glaubt, als Fee, ja, da hätte man Ruhe, irrt ihr euch.
Denn wir sind im Stress und warum? Ja, das seht ihr jetzt gleich!
(Hilfsfeen: Jetzt gleich, schubiduwab, wab!) x2
Ich hab zwei Hilfsfeen, die sind wirklich spitze,
sie schmeißen den Laden, hab ich auf der Erde zu tun. H Feen → zu tun
Und das geschieht ja ständig, denn ich erfüll Wünsche,
und davon gibt's mehr als genug.
Ich komm überhaupt nicht mehr zum Ruhn!
(Hilfsfeen: zum Ruhn, schubiduwab, wab!) x2

Refrain

(Fee und Hilfsfeen)

Seit Jahren gab's für uns hier keine Ferien mehr, oh nein.
Denn ohne uns gäb's auf der Erde keinen Sonnenschein!
Und erst, wenn alle Wünsche erfüllt sind, sollt ihr sehn,
können Feen auch in Urlaub gehn.

2. **Strophe**

Ja manchmal sehn wir Sachen, die wir gar nicht mögen.
Doch das haut uns nicht um!
(Hilfsfeen: Niemals!)
Mit unseren Sonnenstrahlen, da helfen wir immer,
wenn's brennt oder zwickt oder piekst.
Ja, wir zaubern dann ganz wild herum!
(Hilfsfeen: Herum! Schubiduwab, wab!) x2

Refrain

(Fee und Hilfsfeen)

Seit Jahren gab's für uns hier keine Ferien mehr, oh nein.
Denn ohne uns gäb's auf der Erde keinen Sonnenschein!
Und erst, wenn alle Wünsche erfüllt sind, sollt ihr sehn,
können Feen auch in Urlaub gehn.
(Hilfsfeen: Duwab, duwab, schubiduwab, wab!)

(Während des Applaus Umbau auf Bild „Im Supermarkt")

4. Szene – Im Supermarkt

Zänk: Gib sofort das Blatt her!

Zank: Gar nicht. Das ist meins.

Zänk: Du blödes hirn- und stilloses Früchtchen, na warte!

Zank: Ich werd's dir zeigen!

Verkäufer: Auseinander, ihr beiden Zankäpfel!

Zänk: Der hat aber angefangen!

Zank: Gar nicht, der war's!

Verkäufer: Jetzt ist aber Schluss mit dem Zanken!

Zänk: *(beleidigt)* Es ist aber meins!

Zank: *(ebenfalls beleidigt)* Nein, ich krieg das!

(Tomaten erscheinen)

Tomaten: „Wir sind die trüben Tomaten."

Verkäufer: *(schreit)* R u h e !

(Kurz erstarren alle, dann geht's weiter.)

Verkäufer: Auseinander, ihr beiden Zankäpfel.

Zänk: Aber erst, wenn ich mein Blatt wiederhab!

Zank: Glaubst du!

(Verkäufer fällt in Ohnmacht, kriegt von zwei Einkäuferinnen Luft zugefächelt.)

Streitlied der Zankäpfel

Text u. Musik:
Claudia Fiddicke-D'haes

Intro: 1x Refrain + 2x Zwischenspiel
Zwischenspiel: Em D Em C Em D Em A

3. Mal Refrain "la, la, la..." während "la la..." verlassen die Sänger die Bühne

© 2004 Lugert Verlag

Strophe 1

Hey, lass los, das ist mein Buch hier!
Mach 'ne Fliege, das gehört mir!
Stimmt ja gar nicht, hör mal zu!
Das ist meins, du blöde Kuh!
Mann, du tickst ja wohl nicht richtig!
Nimm dich hier mal nicht so wichtig!
Glaub, du spinnst!
Du Hampelmann!
Schwabbelbacke, du bist dran!

Refrain

Wenn man erst überlegt
und nicht gleich auf den andern schlägt,
versucht, den andern zu verstehn,
dann könnt so vieles leichter gehn.
Wenn man sich Mühe gibt
und nicht immer gleich ausflippt,
dann können viele Streiterein ganz unnötig sein.

Strophe 2

Gib mir das Lineal, du Klauer!
Das ist meins, ich werd gleich sauer!
Quatsch, gib her!
Nein, das gehört mir!
Krummer Besen!
Doofes Tier!
Du, ich hau dich!
Dummer Spinner!
Kommst du, Mücke?
Aber immer. Her, die Nase ist gleich platt!
Glibberfrosch!
Gleich bist du matt!

Strophe 3

Schnell das Blatt her, Affenkopf!
Quatsch, du Erbse!
Schweinetopf!
Komm doch, wag dich, zeig mal Mumm, oder bist du viel zu dumm?
Du bist blöd hier. Au, mein Bein!
Lass mich los, du Warzenschwein!
Dummer Penner!
Hasenfuß!
So, jetzt gibt's eins auf die Nuss!

(Refrain und la, la ...)

Im Anschluss an das Lied bricht sofort wieder Streit aus ...

Fortsetzung 4. Szene

Einkäuferin: *(sehr höflich)* Entschuldigen Sie bitte, liebe Zankäpfel, wenn ich kurz ihren Streit unterbreche. Leider ist der Verkäufer hier *(sie zeigt auf den bewusstlosen Verkäufer)* im Moment nicht ansprechbar. Ich würde so gerne Spargel kochen. Könnten sie mir bitte sagen, wo ich den finde?

(Die Äpfel sind gleich ganz freundlich.)

Zänk: Ja, hier drüben!

Einkäuferin: Das sollen Spargel sein? Aber die haben ja viereckige Köpfe!

Zank: Die spielen den ganzen Tag am Game-Cube. Davon kriegt man einen viereckigen Kopf!

Einkäuferin: Wie schrecklich!

Zänk: Und schreiben Sechser in der Spargelschule!

Einkäuferin: Ach, wie schlimm!

Zank: Und essen kann man die nicht!

Einkäuferin: Ja, wieso?

Zank: Die sind knallhart!

Einkäuferin: Ach!

Game-Cube

Text u. Musik:
Claudia Fiddicke-D'haes

in D-Dur

Intro: 2x C C F G

Zwischenspiel: C C E G C C F G

3. Strophe im Halftime-Feeling

© 2004 Lugert Verlag

Strophe

Hab heut den ganzen Vormittag wieder nichts gemacht,
dafür aber stundenlang ja nur an dich gedacht.
Ich freu mich schon auf nachher, denn dann bist du bei mir.
Du bist einfach klasse, ich will immer nur zu dir!

Refrain

Oh, mein Game-Cube, cooler Game-Cube!
Ob Super-Mario oder Fifa-Spiel,
von dir, da krieg ich nie zu viel! *
Oh, mein Game-Cube, cooler Game-Cube,
du bist und bleibst mein allerbester Freund!

(Hier sollten die Spiele erscheinen, die gerade aktuell beliebt sind.)*

Strophe

Mit Mario auf Entdeckung gehn ist cool, ich freu mich schon
auf Joshi, Peach und Bomber-Man und Bowser auf dem Thron!
Prinzessin tanzt im Kreis herum, ich schau ihr dabei zu,
brauch gar nicht viel zu machen und krieg Sterne gleich im Nu!

Refrain

Strophe

Gestern, da traf mich der Schlag! Im Test ’ne Sechs, wie dumm!
Ich wollt’s dir erzählen, aber du bliebst einfach stumm!
Hey, du Game-Cube, sag doch was. Siehst du nicht, dass ich wein?
Du hörst gar nicht zu und lässt mich einfach ganz allein.

Strophe

Da klingelte es an der Tür, es war mein Nachbar Jo.
Der fragte: „Wolln wir Fußball spieln?“ Hurra, wie war ich froh!
Vom Sechser hab ich ihm erzählt und er machte mir Mut.
„Weißt du, das ist mir auch passiert! ’s wird alles wieder gut!“

Refrain

Oh, mein Game-Cube, cooler Game-Cube!
Hast keine Hände, kein Gesicht,
und was ich sag, kapierst du nicht!
Oh, mein Game-Cube, cooler Game-Cube!
Kannst niemals sein so wie ein echter Freund!

Applaus – Ein „Nummerngirl" geht freundlich lächelnd und knicksend mit Schild „Pause" über die Bühne.

5. Szene – Im Supermarkt

(Musik zeigt an, dass die Pause beendet ist.)

Einkäuferin: Arme Spargel. Schrecklich, die streitenden Äpfel. Und erst die kleinen Tomaten. Die sind ja am schlimmsten dran!

Verkäufer: *(stöhnt halb ohnmächtig)* Die Fee! Die Fee muss kommen!

Einkäuferin: Meinen Sie Solaria Tropicana, die Sonnenfee, die Wünsche erfüllen kann?

Tomaten: Wir sind die trüben Tomaten ...

(Verkäufer fällt direkt wieder in Ohnmacht.)

Einkäuferin: Ja, ganz ruhig, ist ja schon gut.

(Grollen.)

Einkäuferin: Was ist denn das?

Zänk: Das ist die Ankunft der großen Fee Solaria Tropicana!

Tomate 1: Sie kommt!

Tomate 2: Sie kommt!

Tomate 3: Sie kommt!

(Pompöser Auftritt der Fee. Die Fee wird in einer Sänfte sitzend durch den Zuschauerraum hereingetragen. Die Hilfsfeen folgen ihr. Ein Lakai öffnet die Aulatür, stampft dreimal mit seinem Stecken auf den Boden und wiederholt mehrmals feierlich: „Die Fee Solaria Tropicana!")

Solaria: Seid gegrüßt, alle miteinander.

Verkäufer: *(stöhnt, halb in Ohmnacht)* Große Fee. Bitte hilf uns.

Solaria: Dafür bin ich hier. Was kann ich für Sie tun?

Einkäuferin: Schauen Sie. Die armen Tomaten brauchen unbedingt einen Sonnenstrahl! Sie haben keine Lust auf Nix!

Solaria: Ich werde mein Bestes tun!
(Sie krempelt sich die Ärmel hoch.)
Das geht aber nur ohne mein Handy. Könntest du vielleicht kurz mein Handy halten?
(Sie gibt einem Kind im Publikum ihr Handy.)

(Während des Zauberns hebt sie ihren Sonnenstrahl-Zauberstab in die Höhe.)

Hokos Pokus Vollkornbrot,
Tomaten, seid jetzt prall und rot!
Seid kein Ketchup, seid kein Mark.
Selber seid ihr wer. Und stark!
Sonne sei jetzt in euch drin,
auch wenn ich nicht bei euch bin.
Hokus pokus Schuppenfisch,
Tomaten, ihr seid süß und frisch!

(Die Tomaten strecken sich und stellen sich aufgerichtet und freundlich strahlend in Pose.)

Alle: Oh.

Verkäufer: Das ist ja ein Wunder!

Einkäuferin: Ein Wunder!

Zank: Ein Wunder!

Solaria: Wenn ich schon mal hier bin: Sie haben insgesamt drei Wünsche frei. Gibt's sonst noch Probleme?

Verkäufer: Probleme? Und wie! Schauen Sie unsere Furcht erregenden Spargel an.

Solaria: Und was fehlt denen?

Verkäufer: Sie kommen nicht mehr vom Game-Cube weg! Immer sitzen sie allein davor und haben gar keine Freunde mehr! So was. Das wollen wir ändern. Also:

Solaria: Ihr wisst's doch selbst: Der Game-Cube – nein,
kann nie ein echter Freund euch sein.
Ist nur ein Spiel, doch lebt er nicht,
er hat kein Herz und kein Gesicht.
Drum Hokus Pokus, Zauberhaus,
schalt heute mal den Game-Cube aus,
und Simsalabim und Simsassa,
sei ganz für deine Freunde da!

Spargel 1: Schön, dich wieder mal zu sehen.

Spargel 2: Spielen wir was zusammen?

Spargel 3: Darf ich auch mitspielen?

Spargel 1: Na klar. Dann macht's noch mehr Spaß!

Spargel 2: Was spielen wir denn?

Alle: Game-Cube!!!

Solaria: Und nun seid ihr dran, ihr Zankäpfel!
Hokus Pokus Streitibus,
alle Äpfel sind in Schuss,
brauchen sich nicht anzuschrein,
dürfen freundlich und friedlich sein!

(Die Äpfel strahlen und stellen sich freundlich lächelnd in Pose.)

Einkäuferin: Ach, ist das aber schön!
(Sie trocknet sich mit dem Kleid die feucht gewordenen Augen ab.)

Verkäufer: *(sehr feierlich)* Fee, wir sind Ihnen zu Dank verpflichtet.

Solaria: Ach, nicht der Rede wert! Ist ja mein Job!

Einkäuferin: Wunderbar, wie Sie das geschafft haben.

(Der Verkäufer reicht galant der Fee den Arm und führt sie freundlich plaudernd, sie immer wieder lobend, ab. Auch die Spargel, Tomaten und Äpfel gehen ab. Es bleiben die Gummibären auf der Bühne.)

Gummibär: *(tritt vor und schaut spöttisch der Fee hinterher, sehr verächtlich)*
Blöde Kuh!

Das Lied vom Gummibär

Text u. Musik:
Claudia Fiddicke-D'haes

Intro = Strophe
Zwischenspiel = Strophe

© 2004 Lugert Verlag

Das Lied vom Gummibär

Ich bin der große Gummibär
und leb im Chaos-Wust,
wieg bald zwei Zentner oder mehr,
nur Frust ist meine Lust.

Und hab ich den, fress ich drauf los,
am liebsten ganz allein.
Und reicht das nicht, kipp ich mir gleich
zwei Eimer Honig rein.

Am liebsten kehre ich mich ab.
Ja, gar nichts geht mich an.
Soll doch der Laden untergehn,
ich störe mich nicht dran.

Und fragt Ihr mich: Wie geht es dir?
So sag ich dann und wann:
Schlechten Bärn geht's immer gut!
Der Rest geht euch nichts an.

Und sagt mir einer: Sprich mit mir!
Dann krieg ich eine Wut!
Und sagt er gar: Ich hab dich gern,
dann schlag ich ihn kaputt!

Wir Bären mögen grün und rot,
ja, Farben hab ich lieb,
doch tief in meinem Herzen drin
bleibt alles schwarz und trüb.

Ich kenne diese blöde Fee,
das ist 'ne dumme Kuh.
Mit ihrem doofen Sonnenstrahl
lässt sie mich nicht in Ruh.

Ich mache alle Tore zu,
lass keine Sonne rein.
Denn alles Glück verbiet ich mir
und sag: es darf nicht sein.

Nur manchmal denk ich mir ganz still,
ich wär gern souverän.
Tät nur, was mir mein Herz befiehlt.
Mein Gott – wie wär das schön!

Die Gruppe der Gummibären befindet sich hinter dem Solisten und tanzt beim Zwischenspiel: Vier stampfende Schritte vor, vier stampfende Schritte zurück, Drehung durch vier stampfende Schritte.

Während des Liedes hat sich die Fee umgedreht und ist zurückgegangen. Sie hört still zu.

Dialog Fee – Bär

Solaria:	Ach Bär, du bist schlimm dran!
Bär:	Nicht dein Problem.
Solaria:	Aber ich will doch nur, dass du glücklich bist!
Bär:	Igitt. Glücklich sein. Was für einen Quark du redest!
Solaria:	Gut. Von mir aus beleidige mich auch noch. Aber bitte nimm doch den Sonnenstrahl!
Bär:	Hab ich nicht verdient. Ich bin böse und schlecht. Und schau mich nicht an. Ich bin hässlich!
Solaria:	Bist du gar nicht! Ich finde dich sogar sehr schön.
Bär:	Unsinn! Ich fresse und fresse und fresse – und werde immer dicker!
Solaria:	Das macht doch nichts. Solange du gesund bist ...
Bär:	Ich bin aber nicht gesund.
Solaria:	Was?
Bär:	Ich hab Schluckauf!
Solaria:	*(erschrickt)*
Bär:	Blutdruck!
Solaria:	Schrecklich!
Bär:	Und Herzversagen!
Solaria:	Das ist ja furchtbar!
Bär:	Und in Zukunft werde ich mich jeder Freude entziehn!
Solaria:	*(verzweifelt)* Nein. Bär. Das darfst du nicht!
Bär:	Weg mit dir! Kein Kontakt! Du schadest mir!
Solaria:	Ich schade dir? Um aller Feenreiche Willen! Dir schaden, das wollte ich doch gerade nicht!
Bär:	Sprich mich nicht mehr an!
Solaria:	Was soll ich denn jetzt nur tun? Alles dreht sich. Wo bin ich? Und warum bin ich plötzlich so schwach? Zaubern. Ja, zaubern werd ich. Das hab ich immer gekonnt! Das hilft!
Bär:	Jetzt machst du dir was vor.
Solaria:	Hokus Pokus, Teddybär. Dreimal schwarzer Gummibär? Nein! Ehm ... Schwarzer Kater ... Nein, so geht das nicht! Hilfe, ich kann nicht mehr zaubern!
Bär:	Ha!
Solaria:	Hokus Po, Lakritz im Klo. Nein. Hokus Pokus Hänschenklein, ging mal in die Welt hinein. Hatte 'n Hut und auch 'nen Stock, aber keinen Bock. Hilfe, ich bin verloren!
Bär:	*(streckt ihr die Hand hin)* Auf ewige Feindschaft?
Solaria:	Ich hatte noch nie einen Feind. Ich weiß nicht, wie das geht.

Bär: Ganz einfach: Du musst das Hassen lernen.

Solaria: Das kann ich nicht.

Bär: Doch, das kannst du! Ich werde so gemein sein, bis du mich hasst!

Solaria: Schluss jetzt, du ekelhaftes Bärenvieh. Ich werde niemals hassen. Da hast du deinen Sonnenstrahl, von mir aus schmeiß ihn in den Mülleimer!

(Die Fee schmeißt ihm wütend den Sonnenstrahl vor die Füße. Bei der Berührung mit dem Sonnenstrahl verwandelt sich der Gummibär plötzlich in einen schönen Prinzen, indem er aus seinem Reif-Anzug steigt. Unter dem Anzug mit Reif trägt er etwas Glitzerndes.)

Bär: Ich war ein verzauberter Königssohn. Eine böse Fee hatte mich in einen Gummibären verwandelt!

Solaria: Oh! Und ich dachte, so was gäb's nur im Märchen ...

Bär: Zum Danke, dass du mich befreit hast, werden wir gemeinsam auf meinem weißen Pferd in mein Schloss reiten. Und dort sollst du meine Frau werden. Und als Königin an meiner Seite herrschen bis ans Ende unserer Tage.

Solaria: Ach Prinz, kneif mich mal. Das ist ja zu schön, um wahr zu sein!

Bär: Willst du auf ewig bei mir leben?

Solaria: In einem richtigen Schloss! – Seid ihr online?

Bär: *(überlegt)* Online? Ja logisch!

Solaria: Da könnte ich ja glatt meinen Mitarbeiterinnenstamm erweitern! Ja, wir könnten direkt vor Ort arbeiten und die Steuerung über eine Zentralstelle im Schloss per Internet laufen lassen. Dann ein paar Filialen in Übersee und Asien. Ach, ich kann mein Glück nicht fassen!

Bär: Eh, Filialen? Erweiterung des Mitarbeiterinnenstamms? Ich glaube, hier liegt ein kleines Missverständnis vor!

Solaria: Missverständnis?

Bär: Ich hatte mir das eigentlich ganz anders vorgestellt.

Solaria: Ach ja?

Bär: Allerdings! Ich dachte, du könntest mir vielleicht meine Hemden bügeln.

Solaria: Ach!

Bär: Und meine Krone blank polieren, damit ich gut regieren kann!

Solaria: Aha!

Bär: Und des Abends, wenn ich von der Jagd komme, meine Pantoffeln anwärmen.

Solaria: Das müsste in der Mikrowelle ja rasch gehen.

Bär: Nein. Keine Mikrowelle. Keine Mitarbeiterinnen. Und kein Feenreich!

Solaria: Ja, aber wer erfüllt dann die vielen Wünsche auf der Erde?

Bär: Du nicht! Du wirst nur noch meine Wünsche erfüllen.

(Eine kleine Pause entsteht.)

Solaria: *(denkt angestrengt nach, schüttelt dann den Kopf)*
Weißt du, Prinz. Versteh mich nicht falsch. Ich find dich ehrlich ganz klasse. Aber sei mir nicht böse: Ich kann nicht einfach alles hinschmeißen. Sieh mal, da ist noch so viel zu tun. So viele, viele Wünsche gibt's da noch auf der Erde. Nein Prinz. Wenn ich's mir so recht überlege, ich glaube, ich kann nicht deine Frau werden.

Bär: Oh!

Solaria: Aber, lass uns doch gute Freunde bleiben. Und du: Falls du mal einen Wunsch hast: Meld dich, wir werden tun, was wir können.

Prinz: Danke, vielen Dank!

Solaria: Nein, danke dir, Prinz! *(Wendet sich den anderen zu, ruft.)*
Obst, Gemüse, kommt mal alle her. Der Gummibär war ein verzauberter Prinz! Schaut mal, was mit ihm passiert ist!

(Alle kommen auf die Bühne, gratulieren dem Prinzen zur Entzauberung und stellen sich auf fürs Schlusslied.)

Feenlied hier singen alle
Manchmal, da glaubst du ...

Ende

Allgemeine Hinweise und Tipps

Das Märchen-Musical „Drei Wünsche für die Fee" entstand im Zusammenhang mit einer Projektwoche zum Thema „Märchen". In zahlreichen Schreibanlässen und Stegreifspielen entwickelten Viertklässler Textgrundlagen und Umsetzungsideen. Ziel war es, ein Märchen zu entwickeln, das in der heutigen Welt der Kinder spielt. Somit wurden typische Elemente aus Märchen aufgegriffen, die die Handlung aber in die jetzige Zeit versetzten.

Bei der Aufführung wurden als Instrumente Klavier, Gitarre und Schlagzeug eingesetzt. Die auf der CD erhältlichen Playbacks liefern aber eine ausgewogenere Klangqualität.

Neben Verstärkeranlage für Solosänger/innen und Dialoge ist der Einsatz einer Lichtanlage sinnvoll. Bei der Vorstellung hat es sich bewährt, dass die Spielgruppen auf der Bühne zwar jeweils zusammen stehen, die Lieder aber immer von allen Kindern gesungen werden. Unnötiger Lärm hinter der Bühne lässt sich vermeiden, wenn die Kinder, die gerade nicht spielen, vorne vor der Bühne auf dem Boden sitzen können (evtl. Teppichfliesen als Sitzgelegenheit).

Groove kriegt die Musik, wenn die Kinder schon bei der Einstudierung lernen, auf die zweite Zählzeit zu klatschen. Es unterstützt den swingenden Rhythmus und macht gute Stimmung im Zuschauersaal. Schreibt man die Refraintexte ins Programmheft, können auch die Nicht-Akteure die Refrains mitsingen.

Ideal ist es, wenn Mikroports (werden am Kopf befestigt) vorhanden sind. Wenn nicht, können an der Rampe zwei Mikrofone aufgestellt werden für die Dialoge und solistischen Gesangsteile.

Die möglichen Tänze zu den Liedern sollten der Anzahl der agierenden Kinder angepasst sein. Je mehr Kinder auf der Bühne stehen, umso einfacher sollte die Bewegungsfolge gehalten werden. Oft genügt das Muster: Schritt nach rechts, Klatsch, Schritt nach links, Klatsch, um Lebendigkeit und Stimmung zu erzeugen.

Der Text birgt viele Stellen, die man ändern und auf die jeweils aufführende Schule/Klasse beziehen kann. Gut kommen beim Publikum „Insider"-Witze an, die sich auf aktuelle Situationen der Schule beziehen. Dies lässt sich gut im Dialog „Zipperlein/Hasenklein" oder auch beim Dialog der Hilfsfeen umsetzen.

Ich wünsche allen, die sich zur Aufführung des Musicals entschließen, dass sie genauso viel Spaß bei der Vorbereitung und Aufführung haben, wie wir es hatten!

Ein herzliches Toi Toi Toi

wünscht Ihnen

Claudia Fiddicke-D'haes

Mein herzlicher Dank gilt allen
Kolleginnen und Kollegen,
Eltern und Freunden der
Pestalozzischule Mutterstadt.

Die unglaubliche Reise mit der Zeitmaschine

Ein Pop-Musical für Kinder- und Jugendchöre von Martin Falk

Sarah und Verena durchstöbern einen Dachboden und entdecken eine Zeitmaschine. Ihre Reise führt in die Vergangenheit und die Zukunft. In der Vergangenheit entdecken Sarah und Verena den Wilden Westen. Sie landen im Mittelalter und reisen weiter zu den alten Griechen. In der Zukunft lernen sie eine vollautomatisierte Welt kennen, gesteuert von einer „Koch-Wasch-Bügelmaschine".

Die CD enthält 12 wunderbare Lieder zu dieser Geschichte – eine Art musikalischer Geschichtsunterricht für Kinder der Klassen 5 bis 7.

NEU für Sie: Der **Arrangement-Band** enthält Arrangements für Keyboards, Gitarre, Bass, Schlagzeug, Perkussion und Orff-Instrumentarium ab Klasse 5.

- Songbook
  Bestell-Nr.: 139 , € 5,20
- Original-CD
  Bestell-Nr.: 9001, € 15,70
- Playback-CD
  Bestell-Nr.: 9002 , € 15,70
- Arrangements (64 Seiten)
  Bestell-Nr.: 70018620 , € 12,–

Der Traumzauberbaum

Geschichtenlieder von Reinhard Lakomy und Monika Ehrhardt

Die Waldgeister Moosmutzel und Waldwuffel möchten herausfinden, was es mit den Blättern des Traumzauberbaumes auf sich hat, die, werden sie mit einer Stimmgabel berührt, ein Lied erklingen lassen. In ihrem Übermut reißen sie die Blätter ab und bringen das Bäumchen in Gefahr. Wie dieses das Unglück abwendet, erfahren Sie und Ihre Klasse in dem liebevoll illustrierten Buch mit Texten und Melodieanfängen.

Die Materialien zu einem der schönsten und erfolgreichsten Aufführungsprojekte der letzten Jahre werden jetzt abgerundet durch das neu erschienene Regiebuch.

- Liederheft (48 Seiten)
  Bestell-Nr.: 45, € 7,80
- CD (Playb.)
  Bestell-Nr.: 46, € 20,–
- CD (Orig.)
  Bestell-Nr.: 700731, € 7,13
- Arrangements (72 Seiten)
  Bestell-Nr.: 8644, € 19,–
- Regiebuch (41 Seiten)
  Bestell-Nr.: 217, € 9,80
- Buch
  Bestell-Nr.: 700889, € 10,12

Lugert Verlag – Vertrieb
Postfach 10 02 02, 30918 Seelze
Tel.: 05 11 / 40 00 41 50, Fax: 05 11 / 40 00 41 76
E-Mail: leserservice@lugert-verlag.de

Stand 2004

WUNSCH-
DATEI: